Andersens

Elfenmärchen

Bitte fordern Sie unser kostenloses Verlagsverzeichnis an:

Smaragd Verlag
In der Steubach 1
57614 Woldert (Ww.)
Tel.: 02684.978808
Fax: 02684.978805
E-Mail: info@smaragd-verlag.de
www.smaragd-verlag.de

Oder besuchen Sie uns im Internet unter der obigen Adresse.

Deutsche Erstausgabe: Januar 2005
Umschlaggestaltung: PreData
Satz: G. Heuchemer, Smaragd Verlag
Printed in Czech Republic
ISBN 3-934254-81-0

Marina Grünewald
(Hrsg.)

Andersens

Elfenmärchen

KLEINE KOSTBARKEITEN

Smaragd Verlag

„Ich meine, die Märchendichtung ist das sich am weitesten erstreckende Reich der Poesie, es reicht von den vor Blut dampfenden Gräbern der Vorzeit bis zum Bilderbuch mit der frommen, kindlichen Legende, es bewahrt in sich die Volksdichtung und die Kunstdichtung. Die Märchendichtung ist für mich der Repräsentant der gesamten Poesie, und der, der sie beherrschen will, muß das Tragische und das Komische, das Naive, die Ironie und den Humor hineinbringen können; ihm stehen die lyrische Saite, das kindlich Erzählende und die Sprache der Naturkundigen zu Diensten."

Hans Christian Andersen

Märchengruß

Hans Andersen, der Märchendichter,
Nennt man ihn nur, landaus, landein;
Da lachen strahlende Gesichter,
Da jubeln Bub' und Mägdelein!
Ihm sang und klang, ihm lebt' und lachte,
Was andrer Ohr und Auge tot,
Das Seelenlose fühlt' und dachte
Und ward beseelt, - wenn er gebot.

Den er gepflückt im Wunderlande
Den allerschönsten Märchenstrauß,
Geknüpft mit rot und weißem Bande,
Streut' einst er in die Welt hinaus.
Und aus dem Strauß die zartsten Triebe,
Die er bestimmt der Kinderschar,
Sind hier gesammelt euch zuliebe!
Wir bieten sie euch freudig dar.

Längst ist er schon von uns gegangen,
Der Dichter, der den Kindern lieb,
Doch leben noch in Jugendprangen
Die Märchen, die er für euch schrieb.
Sie klingen fort und werden klingen
Unsterblich noch in später Zeit,
Und sich wie goldne Fäden schlingen
Um Kind und Märchenherrlichkeit.

Sie wollen plaudern, wollen scherzen,
Die wollen bei Euch Kindern sein,
Und dringen in die Kinderherzen
Mit ernster Lehre mahnend ein.—
So macht dem lustigen Gelichter
Ein Heim in Herz und Haus bereit,
Und seid gegrüßt vom Märchendichter,
Die ihr ja selber Märchen seid.

Inhalt

Die Elfen der Heide

Wir waren wieder zu sechst im Wagen; den freien Platz hatte ein junger Kaufmann eingenommen, der nach Dresden wollte; so bildeten wir wiederum eine Herz-Sechs, bis wir uns erneut auf der Heide befanden.

Das einförmige Knarren des Wagens im Sande, die Windstöße in den Zweigen und die Musikstücke des Postillions verschmolzen inzwischen zu einem einschläfernden Wiegengesang; ein Passagier nach dem andern fing an, mit dem Kopf zu nicken, selbst unsere Blumensträuße, die in die Wagentaschen gesteckt waren, ahmten jedesmal, wenn der Wagen einen Stoß bekam, diese Bewegung nach. Ich schloß die Augen und öffnete sie wieder, indem ich halb schlummerte und gewiß träumte. Mein Auge fiel besonders auf eine der großen Nelken in dem Strauß, den ich mir in den Vierlanden gekauft hatte; alle Blumen dufteten stark, aber es schien mir, als ob diese alle anderen an Duft und Farbe übertraf; und was das Merkwürdigste dabei war, mitten in der Blume saß ein kleines luftiges Wesen, nicht größer als eines ihrer Blätter, und war so durchsichtig wie Glas; das war ihr Genius; denn in einer jeden Blume wohnt so ein kleiner Geist, der mit ihr lebt und stirbt. Seine Flügel hatten dieselbe Farbe wie die Blätter der Nelke, aber sie waren so fein, daß es aussah, als wäre es nur roter Staub, der im Mondlicht von der Blume herabfiel; goldgelbe Locken, feiner noch als die Staubfaden, glitten über die

Schultern hinab und flatterten im Winde.

Als ich nun die andern Blumen genauer ansah, bemerkte ich, daß er nicht der einzige war; in jeder Blume schaukelte sich ein solches kleines Wesen, dessen Flügel und luftiges Gewand dem Farbenstaub der Blume glichen, in der sie lebten. Sie schaukelten alle auf den leichten Blättern in Duft und Mondlicht und sangen und lachten, aber es klang, als fahre der Wind leise über die gestimmte Äolsharfe dahin.

Bald kamen hundert und abermals hundert andere Elfen in ganz andern Gewändern und Gestalten durch die geöffneten Fenster in den Wagen herein; sie kamen von den dunkeln Tannen und Heideblumen. Da gab's ein Schwatzen, ein Singen, ein Tanzen! Sie sprangen mir oft gerade über die Nase weg und genierten sich gar nicht, mitten auf meiner Stirn einen Reigen aufzuführen. Diese Tannen-Elfen sahen übrigens wie echte wilde Männer mit Spießen und Lanzen aus, und doch waren sie luftig wie der feine Dunst, der in der Morgensonne von der betauten Rose aufsteigt. Sie teilten sich in verschiedene Abteilungen und spielten nun ganze Komödien, die meine Reisegesellschafter zu träumen glaubten; für jeden führten sie ein andres Stück auf .

Für den munteren, lebhaften Hamburger Studenten war der Schauplatz in Berlin: eine ganze Schar Elfen verkleidete sich als deutsche Studenten, und einige waren rechte Philister mit der Pfeife im Munde und mit einem Stock wie eine Keule an der

Seite; sie standen in langen Reihen, es war ein Kollegium; eine von den Tannen-Elfen stieg als der leibhaftige Hegel aufs Katheder und sprach so gelehrt und verwickelt, daß ich ihm gar nicht folgen konnte.

Eine andere Abteilung spielte auf den Lippen unseres Engländers, sie tanzten und küßten einander, und da war es ihm, als küßte er seine Herzallerliebste, fühlte ihre Wange an der seinen ruhen und sähe ihr in die klugen, lieben Augen.

Dem jungen Mädchen aus Braunschweig spielten sie dagegen ein ernstes Stück aus ihrem eigenen Leben vor; die Tränen glitten ihr an den Wangen hinab, und die kleinen Elfen lächelten und spiegelten sich in einer jeden, so daß jede Träne, die im Traume fiel, ein unschuldiges Lächeln zeigte.

Mit dem alten Apotheker trieben sie es am schlimmsten, weil er eine der Blumen, die in den Wagen gefallen war, zertreten und dabei eine der kleinen Elfen getötet hatte. Sie setzten sich auf seine Beine, und es kam ihm im Traume so vor, als ob er gar keine Beine mehr hätte, sondern auf Stümpfen durch die Straßen Braunschweigs stolperte, wo alle Nachbarn und Fremden ruhig dastanden und ihm nachsahen. Aber dann tat es den kleinen Wesen doch leid, und sie gaben ihm seine Beine wieder und noch obendrein ein Paar große Flügel, so daß er hoch über Heinrichs des Löwen kupfernen Löwen und über den hohen Kirchturm von St. Blasius wegfliegen konnte, und das machte dem alten Apotheker solchen Spaß, daß er im Traume laut auflachte.

Dem Kaufmann aus Dresden hatten sie die ganze Hamburger Börse mit Juden und Christen vorgemacht; die Kurse standen so hoch, wie sie nie kommen werden und wie sie nur solche luftigen Wesen im Traume hervorbringen können. Mich schienen sie erst lange nach den andern zu beachten. »Dieser lange blasse Mann«, sagte dann einer von ihnen, »ist ein Dichter! Soll er denn gar nichts sehen?«

»Er sieht doch uns! Das kann ihm gewiß genug sein!«

»Wollen wir ihn nicht auch sehen lassen, was wir sehen? Er wird gewiß den andern Menschen etwas Hübsches davon singen, wenn er erwacht.«

Sie beratschlagten sich lange Zeit darüber, ob ich würdig sei, in ihre Gesellschaft aufgenommen zu werden; da sie nun aber keinen besseren Dichter bei der Hand hatten, bekam ich eine Eintrittskarte. Die kleinen Elfen küßten mir den Mund und die Ohren, und da war mir zumute, als ob ich ein neuer und besserer Mensch würde. Ich blickte hinaus auf die große Lüneburger Heide, die als häßlich so verschrien ist. Herrgott, wie die Leute doch reden! Ja sie reden, wie sie es sehen und verstehen. Jedes Sandkorn war ein blitzendes Granitstück; die langen Grashalme, die voller Staub über die breite Landstraße hingen, waren die niedlichsten makadamisierten Wege für die kleinen Elfen; aus jedem Blatt schaute so ein kleines lächelndes Gesicht. Die Tannen sahen aus wie vollendete babylonische Türme, da wimmelte es von Elfen von den niedrigsten breiten Ästen bis zu den hohen Spitzen, die ganze Luft war voll von den wunderbarsten Gestalten und alle klar und schnell wie das Licht. Vier bis fünf Blumengenien ritten auf einem weißen Schmetterling, den sie aus seinem Schlaf aufgeweckt hatten, während andere Schlösser bauten aus dem starken Duft und den feinen Mondstrahlen. Die ganze große Heide war eine Zauberwelt, voll von Wunderwerken. Wie kunstvoll war doch jedes Blumenblatt gewebt! Welch eine Menge Leben lag doch in den grünen Tannennadeln! Jeder Staubfaden hatte seine verschiedene Farbe und eigentümliche Zusammensetzung, und welche Unendlichkeit in dem großen Himmel darüber!

Die Sage erzählt, daß die Meerfrau nur durch die treue Liebe eines Menschen und durch die christliche Taufe eine unsterbliche Seele erhalten kann. Die kleinen Blumen-Elfen verlangen nicht soviel; eine Träne der Reue oder des Mitleides vom menschlichen Herzen ist die Taufe, die ihnen die Unsterblichkeit geben kann, und darum schließen sich die Elfen so gern an die Menschen an, und wenn der fromme, gottergebene Seufzer aus unserer Brust emporsteigt, erheben sie sich auf demselben zu Gott, denn auch auf diese Weise kommen sie in den großen, herrlichen Himmel hinein und werden unter dem mächtigen Sonnenlicht der Ewigkeit zu Engeln.

Der Tau fing an niederzufallen, ich sah die luftigleichten Genien sich auf den großen Wassertropfen tummeln. Viele Dichter erzählen, daß die Elfen sich im Tau baden; aber wie kann dies leichte Wesen, das auf einem Lichtstrahl tanzt, ohne ihn zu bewegen, durch die dichte Wassermasse dringen? Nein, sie standen auf den runden Tropfen, und wenn sie unter ihren Füßen wegrollten und ihr leichtes Ge- wand in der Luft flatterte, dann sahen sie aus wie das niedlichste Miniaturbild der Fortuna auf ihrer rollenden Kugel.

Auf einmal fühlte ich eine zitternde Bewegung in der ganzen Luft, ich fuhr auf, und das Ganze war verschwunden; aber die Blumen dufteten sehr stark, und durch das Wagenfenster bogen sich einige frische, grüne Birkenreiser herein. Der Postillion hatte den ganzen Wagen mit Grün geschmückt, weil es Pfingstmorgen war. Der alte Apotheker streckte sich im Wagen und sagte: »Man kann hier doch träumen!« Aber weder er noch die andern dachten daran, daß ich in ihre Träume eingeweiht war.

Nächtlicher Elfentanz

Ringsumher, wo der Mond durch die Bäume schien, sah er die niedlichen kleinen Elfen lustig spielen. Sie ließen sich nicht stören, sie wußten, daß er ein guter, unschuldiger Mensch sei - nur die bösen Leute bekommen die Elfen nicht zu sehen. Einige von ihnen waren nicht größer als ein Finger und hatten ihr langes gelbes Haar mit Goldkämmen aufgesteckt. Je zwei schaukelten auf den großen Tautropfen, die auf den Blättern und dem hohen Gras lagen. Manchmal rollte der Tropfen fort, dann fielen sie zwischen die langen Grashalme, und das verursachte Gelächter und Lärmen unter den anderen kleinen Elfchen. Es war allerliebst! Sie sangen, und Johannes erkannte ganz deutlich die hübschen Lieder, die er als kleines Kind gelernt hatte. Große bunte Spinnen mit Silberkronen auf dem Kopf mußten von der einen Hecke zur anderen lange Hängebrücken und Paläste spinnen, die wie Glas im Mondschein aussahen, wenn der feine Tau darauf fiel. So währte es fort, bis die Sonne aufging. Die kleinen Elfen krochen dann in die Blumenknospen, und der Wind erfaßte ihre Brücken und Schlösser, die als Spinngewebe durch die Luft flogen.

Elfenhügel

Einige große Eidechsen liefen schnellfüßig in den Spalten eines alten Baumes umher; sie konnten einander gut verstehen, denn sie sprachen die Eidechsensprache.

„Wie das in dem alten Elfenhügel poltert und brummt!" sagte die eine Eidechse; "Ich habe von dem Lärm schon zwei Nächte kein Auge zutun können; ich könnte eben so gut liegen und Zahnweh haben, denn da kann ich auch nicht schlafen!"

"Da ist etwas los!« sagte die andere Eidechse. "Den Hügel lassen sie bis zum ersten Hahnenschrei auf vier roten Pfählen stehen, es wird gründlich gelüftet, und wie der Schall der Fußtritte verrät, haben die Elfenmädchen neue Tänze eingeübt. Da ist etwas los!"

„Ja, ich habe mit einem Regenwurm meiner Bekanntschaft gesprochen", erzählte die dritte Eidechse; "er kam direkt vom Hügel, wo er Tag und Nacht in der Erde gewühlt hatte. Er hatte gar vieles erlauscht, sehen kann das arme Tier ja nicht, aber vor sich her fühlen und horchen, das versteht er. Sie erwarten Fremde im Elfenhügel, vornehme Fremde, aber wen wollte der Regenwurm nicht sagen oder wußte es auch wohl nicht. Alle Irrlichter sind zu einem Fackelzuge, wie man es nennt, befohlen, und Silber und Gold, wovon es im Hügel die Hülle und Fülle gibt, wird geputzt und in den Mondschein gestellt."

"Wer können wohl die Fremden sein ?" sagten alle Eidechsen. "Was mag nur los sein? Hört, wie es summt! Hört, wie es brummt!"

Plötzlich öffnete sich der Elfenhügel, und ein ältliches Elfenmädchen, mit Ausnahme des entblößten Rückens sehr anständig gekleidet, kam herausgetrippelt. Es war die Haushälterin des alten Elfenkönigs, sie war eine weitläufige Verwandte der Familie und trug ein Bernsteinherz vor der Stirn. Flink setzte sie ihre Füßchen: tripp, tripp ! Ei, wie sie trippeln konnte und gerade hinunter in den Sumpf zum Nachtraben.

„Sie werden auf heute nacht zum Elfenhügel eingeladen!" sagte sie, „aber wollen Sie uns nicht zuvor einen großen Dienst erweisen und die Einladungen freundlichst übernehmen? Sie müssen auch etwas tun, da Sie selber kein Haus machen. Wir bekommen einige äußerst vornehme Fremde, Zauberer, die eine große Rolle spielen, und daher will der alte Elfenkönig sich zeigen. "

„Wer soll eingeladen werden?" fragte der Nachtrabe.

„Zu dem großen Balle kann jedermann kommen, selbst Menschen, wenn sie nur im Schlafe sprechen oder irgend etwas unserem Wesen Entsprechendes tun können. Aber für das Hauptfest muß strengste Auswahl beobachtet werden; wir wollen nur die Allervornehmsten unter uns haben. Ich habe darüber mit dem

Elfenkönige einen förmlichen Streit gehabt, denn ich bin der Ansicht, daß wir nicht einmal Gespenstern den Zutritt gestatten dürfen.

An erster Stelle muß das Meermännchen mit seiner Tochter eingeladen werden; es gewährt ihnen freilich wenig Freude, auf das Trockene zu kommen, aber man wird dafür Sorge tragen, daß jeder von ihnen einen nassen Stein zum Sitzen oder vielleicht noch etwas Besseres erhält, und deshalb hoffe ich, daß sie diesmal nicht werden absagen lassen. Alle alten Kobolde der ersten geschwänzten Klasse, die Nixen und Heinzelmännchen müssen wir haben, auch dürfen wir meiner Meinung nach den Werwolf, das Höllenpferd und die Kirchengeister nicht übergehen. Freilich gehören sie mit zur Geistlichkeit, die nicht völlig zu unseren Leuten gerechnet werden kann, aber es ist doch nun einmal ihr Amt, sie stehen in naher Verwandtschaft mit uns und statten uns häufig Besuche „Gut!" sagte der Nachtrabe und flog von dannen, um die Einladungen zu überbringen.

Die Elfenmädchen tanzten bereits auf dem Elfenhügel, wobei sie sich anmutig ihrer Schals bedienten, die aus Tau und Mondschein gewebt waren, ein Tanz, der sich für Liebhaber von dergleichen Vergnügungen sehr hübsch ausnimmt. Mitten im Elfenhügel war der große Festsaal glänzend ausgeputzt, der Fußboden war mit Mondschein gewaschen und die Wände hatte man mit Hexenfett überzogen, so daß sie vom Lichterglanze wie

Tulpenblätter leuchteten. In der Küche gab es reichlichen Vorrat von Fröschen am Spieße, Schneckenhäusern mit einem Füllsel von Kinderfingern und Salaten aus Pilzsamen, feuchten Mäuseschnauzen und Schierling. Ein erquickendes Getränk gab das Gebräu der Sumpffrau und funkelnder Salpeterwein aus Grabgewölben. Alles verriet Wohlhabenheit und guten Geschmack; verrostete Nägel und Kirchenfensterglas bildeten die Näschereien des Nachtisches. Der alte König ließ seine goldene Krone mit dem Staube von zerstoßenem Griffel aufpolieren; es war Tuffsteingriffel, und es kostete den Elfenkönig viel Mühe, Tuffsteingriffel zu erhalten. Im Schlafzimmer hing man Vorhänge auf und befestigte sie mit Schneckenhörnern. Ja, es war ein ordentliches Summen und Brummen.

„Nun muß hier nur noch mit Pferdehaaren und Schweineborsten geräuchert werden, dann kann ich mich damit trösten, das Meinige getan zu haben!" sagte das ältliche Elfenmädchen.

„Lieber, guter Vater!" bat die kleinste seiner Töchter, „darf ich nun endlich erfahren, wer die vornehmen Fremden sind?"

„Nun, nun!" versetzte er, „dann muß ich es wohl sagen! Zwei meiner Töchter müssen sich zur Hochzeit bereithalten. Zwei werden gewiß verheiratet. Der alte Gnome oben von Norwegen, der in dem alten Dovrefelsen wohnt und viele Felsenschlösser von Wackersteinen und ein Goldbergwerk besitzt, das weit besser ist als man glaubt, kommt mit seinen beiden Söhnen herunter, die sich eine Frau aussuchen sollen. Der alte Gnome ist durch und durch ein grundehrlicher norwegischer Greis, lustig, einfach und bieder. Ich kenne ihn seit langer Zeit, seit den Tagen unserer Jugend, wo wir Brüderschaft miteinander tranken. Er war damals hier unten bei uns, um seine Frau zu holen. Sie ist jetzt schon tot, sie war eine Tochter des Felsenkönigs auf Möen. Er nahm seine Frau wirklich auf Kreide, wie man zu sagen pflegt. Oh, wie ich mich nach dem nordischen Gnomengreise sehne! Seine Söhne, sagte man, sollen etwas unartige, hochnäsige Jungen sein, aber möglicherweise tut man ihnen auch unrecht, und mit den Jahren werden sie schon gesetzt werden. Zeigt nun, daß ihr es versteht, ihnen Lebensart beizubringen.“ „Und wann kommen sie?“ fragte die eine Tochter.

„Das hängt von Wind und Wetter ab!" entgegnete der Elfenkönig. „Wie genau sie sind, beweist ihre Reise, sie bedienen sich einer Schiffsgelegenheit. Ich wünschte, sie sollten über Schweden gehen, aber der Alte schenkt diesem Lande noch immer keine Neigung. Er schreitet mit der Zeit nicht fort, und das kann ich nicht leiden."

Plötzlich kamen zwei Irrlichter hereingehüpft; das eine schneller als das andere, und deshalb kam das eine zu- erst.

„Sie kommen! sie kommen!" riefen sie.

„Gebt mir meine Krone und laßt mich im Mondscheine stehen!“ sagte der Elfenkönig.

Die Töchter erhoben ihre Schals und verneigten sich bis zur Erde.Da stand der greise Gnom von Dovre mit einer Krone von gehärteten Eis- und polierten Tannenzapfen auf dem Haupte, sonst trug er einen Bärenpelz und Wasserstiefel, die Söhne dagegen gingen mit bloßem Halse und in schottischer Tracht, denn es waren Kraftmänner.

„Ist das ein Hügel?" fragte der kleinste der Jungen und wies auf den Elfenhügel. „Oben in Norwegen nennen wir das ein Loch!"

„Jungens!" sagte der Alte. „Loch geht einwärts, Hügel geht aufwärts! Habt ihr denn keine Augen im Kopfe?"

Das einzige, was sie ihrer Aussage nach in Verwunderung setzte, war, daß sie die Sprache ohne weiteres verstanden.

„Ziert euch nur nicht so!" sagte der Greis; „man möchte glauben, daß ihr noch nicht trocken hinter den Ohren seid!"

Darauf gingen sie in den Elfenhügel hinein, wo sich inzwischen die wirklich feine Gesellschaft versammelt hatte, und zwar in einer Eile, wie wenn sie wären zusammengeweht worden, und für jeden war eine besondere niedliche und nette Einrichtung getroffen. Die Nixen saßen in Wasserkufen zu Tische, sie sagten, sie befänden sich gerade wie zu Hause. Alle hielten sich streng an die Tischetikette, mit Ausnahme der beiden kleinen nordischen Gnomen, welche die Beine auf den Tisch legten, weil sie der Ansicht huldigten, alles stände ihnen gut.

„Die Füße von der Schüssel!“ befahl der alte Gnom, und wirklich gehorchten sie, wenn auch mit einigem Zögern. Ihre Tischdame kitzelten sie mit Tannenzapfen, die sie bei sich führten, und zogen, um bequem zu sitzen, ihre Stiefel aus, und gaben ihr die Stiefel zu halten. Ganz anders war freilich der Vater , der alte Dovregnom. Er erzählte in der fesselndsten Weise von den stolzen norwegischen Felsen und von Wasserfällen, die schäumend mit einem Getöse wie Donnerschlag und Orgelklang hernieder stürzten ; er erzählte vom Lachse, der selbst gegen den Wassersturz anspränge, wenn die Nixe auf goldener Harfe spielte. Er erzählte von den hellen Winternächten, wenn die Schlittenschellen klingelten und die Burschen mit brennenden Fackeln über das blanke Eis hinliefen, das so durchsichtig wäre, daß sie sehen könnten, wie die Fische unter ihren Füßen erschräken. Ja, er verstand zu erzählen, daß man die beschriebenen Gegenstände wie lebendig vor sich sah. Man hörte ordentlich die Mühlen klappern, die Knechte und Mägde singen und sah ihre ländlichen Tänze. Heisa! Plötzlich gab der Gnomengreis dem alten Elfenmädchen einen lauten Schmatz, so einen Kuß, wie man ihn sich schon gefallen läßt, und doch standen sie in keinem verwandtschaftlichen Verhältnisse.

Nun mußten die Elfenmädchen tanzen, erst einfach, dann mit Aufstampfen, was ihnen wirklich allerliebst stand. Daran reihte sich der Kunsttanz oder, wie sie es nannten, „das aus dem Tanze treten“. Potztausend, wie konnten sie die Beine strecken! Man konnte nicht unterscheiden, wo Anfang oder Ende war, nicht unterscheiden, was Arme und was Beine waren; wie Schneeflocken wirbelte alles untereinander, und dann schwenkten sie sich im Kreise umher, daß es dem Höllenpferde unwohl wurde und es den Tisch verlassen mußte.

„Prrrr!“ sagte der Gnomengreis, „was ist das für ein Wirtschaften mit dem Beinwerk! Aber was können sie noch mehr als tanzen, die Beine verrenken und einen Wirbelwind erregen?“

„Davon sollst du dich gleich selbst überzeugen!“ sagte der Elfenkönig und rief darauf die jüngste seiner Töchter hervor. Sie war so zart und klar wie Mondschein, sie war die feinste von allen Schwestern. Sie nahm einen weißen Stab in den Mund, und dann war sie verschwunden; darin bestand ihre Kunst.

Aber der Gnomengreis meinte, solche Kunst könnte er bei seiner Frau nicht leiden, und er glaubte auch nicht, daß seine Söhne Liebhaber von dergleichen wären.

Die zweite konnte sich selbst zur Seite gehen, als hätte sie einen Schatten, der bekanntermaßen den Elfen fehlt.

Die dritte war ganz anderer Art; sie hatte in der Brauerei der Sumpffrau gelernt, und sie war es, die Elfenknorren mit Leuchtkäfern zu spicken verstand.

„Sie wird einmal eine gute Hausfrau!“ sagte der Gnomengreis, und anstatt mit ihr anzustoßen, blinzelte er ihr nur zu, da er nicht so viel trinken wollte.

Nun kam das vierte Elfenmädchen an die Reihe; dasselbe hatte zum Spielen eine große goldene Harfe. Kaum hatte sie die erste Saite angeschlagen, so erhoben alle das linke Bein, denn die Gnomen sind linksbeinig, und sobald sie die andere Saite anschlug, so mußten sie alle tun, was sie wollte.

„Das ist ein gefährliches Frauenzimmer!“ sagte der alte Gnom, aber die beiden Söhne gingen zum Hügel hinaus, denn nun war es ihnen langweilig geworden.

„Und was kann die nächste Tochter?“ fragte der Gnomengreis.

„Ich habe die Norweger lieben gelernt!“ entgegnete sie, „und ich werde mich nur verheiraten, wenn ich nach Norwegen kommen kann!“

Aber die kleinste der Töchter flüsterte dem Gnomengreise zu: „Der Grund ist, weil sie aus einem nordischen Liede vernommen hat, beim Untergange der Welt würden doch die norwegischen Felsen als Denksäulen stehenbleiben, und deswegen will sie dort hinauf, denn vor dem Untergange fürchtet sie sich sehr.“

„Ha, ha!“ sagte der Gnomengreis, „schaut das dahinaus! Aber was kann die siebente und letzte?“

„Die sechste kommt vor der siebenten!“ sagte der Elfenkönig, denn er konnte rechnen; aber die sechste wollte nicht recht zum Vorschein kommen.

„Ich kann nur den Leuten die Wahrheit sagen!“ meinte sie. „Um mich bekümmert sich niemand, und ich habe genug damit zu tun, mir mein Leichenhemd zunähen!“ Nun kam die siebente und letzte, und was verstand diese? Ja, sie konnte in einem fort Märchen erzählen.

„Hier sind alle meine fünf Finger!“ sagte der Gnomengreis, „erzähle mir eins von jedem derselben!“

Das Elfenmädchen faßte ihn um das Handgelenk und er lachte so, daß ihm der Bauch wackelte, und als sie zum Goldfinger kam, der, als wenn er wüßte, daß Verlobung sein sollte, sich mit einem goldenen Ringe geschmückt hatte, rief der Gnomengreis: „Halte fest, was du hast, die Hand ist dein; ich will dich selbst zur Frau haben!" Das Elfenmädchen erwiderte, sie müßte erst noch die Märchen von dem Goldfinger und dem kleinen Peter Spielmann erzählen. "Die wollen wir im Winter anhören!“ entgegnete der Gnomengreis, „und von der Tanne wollen wir hören und von der Birke und von den Gaben der Waldnymphen und von dem klingenden Froste! Dir wird genug Gelegenheit zum Erzählen geboten werden, denn dort oben wird diese Kunst noch wenig geübt. Dann wollen wir in der steinernen Stube sitzen, wo der Kienspan brennt, und Met aus den goldenen Hörnern der alten nordischen Könige trinken. Der Nix hat mir einige geschenkt. Wenn wir so beieinander sitzen, dann kommt der Hausgeist zu Besuch, er singt dir alle Lieder der Sennerinnen. Das soll eine Lust werden! Der Lachs wird gegen den Wasserfall ankämpfen und sich gegen die Steinwände schlagen, aber er kommt doch nicht herein! Sei versichert, es ist gut sein in dem lieben alten Norwegen! Aber wo stecken die Jungen?"

Ja, wo waren die Jungen? Sie liefen auf dem Felde umher und bliesen die Irrlichter aus, die der Aufforderung zum Fackelzuge gutmütig nachgekommen waren.

"Ist das anständig, sich umherzutreiben!" bewillkommnete sie der Gnomengreis. „Ich habe jetzt eine Mutter für euch gewählt, nun könnt ihr euch eine Schwester eurer Mutter aussuchen." Aber die Jungen erklärten, sie hätten Lust, Reden zu halten und Brüderschaft zu trinken, aber nicht die mindeste zum Heiraten. So hielten sie denn Reden, tranken Brüderschaft und machten die Nagelprobe, um ihre Trinkkunst zu zeigen. Darauf zogen sie die Röcke aus und legten sich mir nichts dir nichts auf den Tisch schlafen. Der Gnomengreis aber tanzte mit seiner jungen Braut in der Stube herum und wechselte Stiefel mit ihr, denn das ist feiner als Ringe wechseln.

„Jetzt kräht der Hahn!" sagte das ältliche Gnomenmädchen, die dem Hauswesen vorstand. „Nun müssen wir die Fensterläden schließen, damit die Sonne nicht versengend hereinscheint!"

Und dann schloß sich der Hügel.

Draußen aber liefen die Eidechsen in dem geborstenen Baume auf und nieder, und die eine sagte zur anderen: „Oh, wie gut ich doch den norwegischen Gnomengreis leiden kann!“

„Mir gefallen die Jungen besser!“ versetzte der Regenwurm, aber das arme, elende Tier konnte ja auch nicht sehen!

Fliedermütterchen, die Baumelfe

Es war einmal ein kleiner Knabe, der hatte sich erkältet. Er war ausgegangen und hatte nasse Füße bekommen; niemand konnte begreifen, woher er sie bekommen hatte, denn es war ganz trocknes Wetter. Nun zog ihn seine Mutter aus, brachte ihn zu Bett und ließ die Teemaschine hereinbringen, um ihm eine gute Tasse Fliedertee zu kochen, denn der wärmt. Zu gleicher Zeit trat auch der alte, muntere Mann zur Tür herein, der ganz oben im Hause wohnte und völlig für sich allein lebte, denn er hatte weder Weib noch Kind, hatte aber die Kinder gar lieb und wußte so viele Märchen und Geschichten zu erzählen, daß es eine Lust war, ihm zuzuhören.

„Jetzt trinke deinen Tee!“ sagte die Mutter, „dann erzählt dir der Onkel vielleicht auch ein Märchen“.

„Ja, wenn man nur immer gleich ein neues wüßte!“ versetzte der alte Mann und nickte gutmütig. „Aber wo hat denn der Kleine die nassen Füße herbekommen?“ fragte er dann.

„Ja, wo er sie her hat“, entgegnete die Mutter, „ist eben das Unbegreifliche!“ „Erzählen Sie mir ein Märchen?" fragte der Knabe.

"Ja, wenn du mir genau angeben kannst, denn das muß ich zuerst wissen, wie tief der Rinnstein da drüben in der Gasse ist, in der deine Schule liegt?"

„Gerade bis mitten an die Schäfte" , sagte der Knabe, „aber

dann muß ich in das tiefe Loch treten!"

„Sieh, sieh! also da stammen die nassen Füße her!" sagte der Alte. „Nun müßte ich freilich ein Märchen erzählen, aber ich kenne keins mehr."

„Oh, Sie können sich gleich eins ausdenken!" sagte der kleine Knabe. „Mama sagt, daß Ihnen alles, was Sie nur anblicken, zum Märchen wird, und daß Ihnen alles, was Sie berühren, Stoff zu einer Geschichte gibt."

„Ja, aber solche Märchen und Geschichten taugen nichts. Nein, die echten kommen ganz von selbst, die klopfen mir an die Stirn und sagen: Hier bin ich!"

„Klopft es nicht bald?" fragte der kleine Knabe. Die Mutter lächelte, warf Fliedertee in die Kanne und goß siedendes Wasser darüber.

"Erzählen Sie, erzählen Sie!"

„Ja, wenn ein Märchen von selbst kommen wollte, aber solch echtes ist gar vornehm, das kommt nur, wenn es selbst Lust hat! Doch halt!" sagte er plötzlich. „Da haben wir eins! Gib acht, jetzt ist eins dort in der Teekanne!"

Der kleine Knabe blickte nach der Teekanne hinüber, der Deckel hob sich mehr und mehr, und die Fliederblumen kamen frisch und weiß heraus, trieben große lange Zweige, sogar aus der Tülle breiteten sie sich nach allen Seiten aus und wurden größer und größer. Es war der prächtigste Fliederbusch, ein ganzer

Baum, der bis in das Bett hineinragte und die Vorhänge zur Seite schob. Wie das blühte und duftete! Mitten im Baume saß eine alte freundliche Frau in einem seltsamen Gewande, das grün wie die Blätter des Fliederbaumes war und einen Besatz von großen weißen Fliederblüten hatte. Man konnte nicht sogleich unterscheiden, ob es Zeug oder lebendiges Grün oder Blumen waren.

„Wie heißt die Frau?" sagte der Knabe.

„Die Römer und Griechen", entgegnete der alte Mann, »nannten sie eine Dryade, aber das verstehen wir nicht. Bei uns nennt man sie Baumelfen aber da draußen in den neuen Anlagen haben wir einen bessern Namen für sie, dort heißt sie Fliedermütterchen, und sie ist es nun, der du deine Aufmerksamkeit schenken mußt. Höre nun zu und betrachte dir den herrlichen Fliederbaum!

Gerade ein ebenso großer blühender Baum stand dort draußen in den neuen Anlagen. Er wuchs in der Ecke eines kleinen ärmlichen Hofes. Unter diesem Baume saßen eines Nachmittags im herrlichsten Sonnenscheine zwei alte Leute. Es war ein alter, alter Seemann und seine alte, alte Frau. Sie waren Urgroßeltern und sollten bald ihre goldene Hochzeit feiern, konnten sich aber nicht genau des Datums erinnern. Die Baumelfe Fliedermütterchen saß in dem Baume und sah ebenso vergnügt aus wie hier. Ich weiß wohl, wann eure goldene Hochzeit ist! sagte sie, doch hörten jene es nicht, sie sprachen von den alten Tagen.

Erinnerst du dich dessen wohl noch, sagte der alte Seemann, wie wir ganz klein waren und umherliefen und spielten ? Es war gerade in diesem nämlichen Hofe, wo wir jetzt sitzen. Wir steckten Stöckchen in die Erde und machten uns einen Garten.

Ja, erwiderte die alte Frau, dessen erinnere ich mich sehr wohl, und wir begossen die Stöckchen, und eines derselben, ein Fliederzweig, schlug Wurzeln, trieb grüne Schößlinge und ist nun zu dem großen Baume herangewachsen, unter dem wir alten Leute hier sitzen.

So ist's! sagte er, und dort in jener Ecke stand eine Wasserkufe; dort schwamm mein Kahn, ich hatte ihn mir selbst geschnitzt. Wie er segeln konnte! Ich sollte freilich das Segeln bald in anderer Weise erlernen!

Ja, aber erst gingen wir in die Schule und lernten etwas! sagte sie, und dann wurden wir eingesegnet. Wir weinten alle beide; des Nachmittags erstiegen wir aber Hand in Hand den runden Turm und schauten über Kopenhagen und den Meeresspiegel hin. Dann gingen wir nach Friedrichsberg hinaus, wo der König und die Königin in ihrem prächtigen Boote in den Kanälen umherfuhren.

Aber mir war es freilich bald beschieden, in anderer Weise umherzusegeln, und das so manches Jahr, weit hinaus auf langen Reisen.

Ja, ich weinte oft deinetwegen! unterbrach sie ihn, ich

glaubte, du wärest tot und ruhtest in der Tiefe des Wassers! Manche, manche Nacht stand ich auf und sah nach, ob die Wetterfahne sich drehte. Sie drehte sich wohl, doch du kamst nicht. Ich entsinne mich noch deutlich, wie eines Tages ein heftiger Platzregen hernieder rauschte, der Kehrichtkärrner machte vor der Tür meiner Dienstherrschaft halt, ich ging mit dem Kehrichtfasse hinunter und blieb an der Tür stehen. Es war ein Wetter , daß man keinen Hund hinausjagen mochte! Gerade wie ich so dastand, war plötzlich der Postbote mir zur Seite und gab mir einen Brief. Er war von dir. Oh, wie der umhergereist war! Ich brach ihn in Hast auf und las ihn. Ich lachte und weinte, ich war so froh! Da stand, daß du in den warmen Ländern wärest, wo die Kaffeebohnen wachsen. Was für ein glückliches, gesegnetes Land muß das sein! Du erzähltest so viel und ich sah es alles im Geiste, während der Regen fort und fort hernieder rauschte und ich noch immer mit dem Kehrichtfasse dastand. Plötzlich tauchte jemand neben mir auf, der mich um den Leib faßte ---Und dem du zur Belohnung eine klatschende Ohrfeige versetztest!

Wußte ich doch nicht, daß du es warst!! Du warst mit deinem Briefe zugleich angekommen; und du warst so schön - doch das bist du noch. Du machtest mit einem langen gelbseidenen Taschentuche Staat, trugest einen weißen, funkelnagelneuen Hut und warst so fein. Gott, was war es doch für ein Wetter , und wie sah die Straße aus, wie wir dann unsern ersten Jungen und darauf die kleine Marie und Niels und Peter und Hans Christian bekamen?

Ja, und wie sie sämtlich herangewachsen und brave Menschen geworden sind, die jedermann leiden mag.

Und auch ihre Kinder haben wieder schon etwas Kleines bekommen! sagte der alte Matrose. Das sind Kindeskindeskinder; da steckt Kern darin. Wie mich dünkt, haben wir gerade in dieser Jahreszeit unsere Hochzeit gefeiert!

Ja, just heute ist der goldene Hochzeitstag! sagte Fliedermutterchen und steckte den Kopf gerade zwischen die beiden Alten; diese aber hielten sie für die Nachbarin, die ihnen zunickte. Sie schauten sich einander an und hielten die Hände verschlungen. Bald darauf erschienen die Kinder und Kindeskinder, die sehr wohl wußten, daß es der goldene Hochzeitstag war und auch schon am Morgen gratuliert hatten; aber während sich die Alten der Ereignisse in längst vergangenen Jahren so gut erinnerten, war ihnen dies wieder entfallen. Der Fliederbaum duftete stark, und die Sonne, die sich ihrem Untergange zuneigte, schien dem greisen Ehepaare gerade ins Antlitz. Beide sahen rotwangig aus, und das kleinste der Kindeskinder tanzte um sie herum und rief voller Glückseligkeit, daß es heute abend hoch hergehen sollte, sie würden warme Kartoffeln bekommen. Fliedermütterchen nickte in ihrem Baume und rief mit allen anderen hurra.

„Aber das war ja kein Märchen!" unterbrach der kleine Knabe den Erzähler

„Ja, das mußt du freilich verstehen!" entgegnete der Alte. „Aber laß uns das Fliedermütterchen danach fragen!“

„Es war kein Märchen!" sagte Fliedermütterchen; "nun aber kommt es. Aus der Wirklichkeit wächst gerade das seltsamste Märchen heraus; sonst könnte ja mein prächtiger Fliederbusch auch nicht aus der Teekanne emporgesproßt sein!“

Darauf nahm es den kleinen Knaben aus seinem Bette, legte ihn an seine Brust, und die von unten bis oben mit Blüten bedeckten Fliederzweige schlugen um sie zusammen, so daß sie wie in der dichtesten Laube saßen. Diese flog mit ihnen durch die Luft, es war unvergleichlich schön. Die Baumelfe hatte sich plötzlich in ein kleines niedliches Mädchen verwandelt, doch war der Rock noch von demselben grünen, weißgeblümten Zeuge, das Fliedermütterchen getragen hatte. Am Busen hatte es eine wirkliche Fliederblüte und um sein aschblondes, lockiges Haar einen ganzen Kranz von Fliederblüten. Seine Augen waren groß und blau, oh, es war eine Freude, dasselbe anzusehen! Das Mädchen und der Knabe küßten sich, standen sie doch in dem gleichen Alter und wurden von gleicher Lust erfüllt.

Hand in Hand gingen sie aus der Laube und standen nun in dem schönen Blumengarten der Heimat. Bei dem frischen Rasenplatze lag der Stock des Vaters an einen Pflock angebunden. Für die Kleinen war Leben in dem Stocke; sobald sie sich quer über denselben setzten, verwandelte sich der blanke Knopf in einen stolz wiehernden Kopf; die lange schwarze Mähne flatterte, vier schlanke kräftige Beine wuchsen hervor: das Tier war stark und feurig. Im Galopp ritten sie um den Rasenplatz herum, hussa! – „Jetzt reiten wir viele Meilen weit fort!“ sagte der Knabe; „wir reiten nach dem Rittergute, wo wir im vorigen Jahre waren!" Und sie ritten und ritten um den Rasenplatz herum und fortwährend rief das kleine Mädchen, das, wie wir wissen, niemand anderes als die Baumelfe Fliedermütterchen war: "Nun sind wir auf dem Lande! Siehst du das Bauernhaus mit dem großen Backofen, der wie ein riesengroßes, in der Mauer befindliches Ei auf den Weg herausguckt? Der Fliederbaum läßt seine Zweige über ihn herabhängen und der Hahn schreitet stolz einher und scharrt nach Futter für seine Hühner; sieh, wie er sich brüstet! - Nun sind wir bei der Kirche! Sie liegt hoch auf dem Berge unter den mächtigen Eichen, von denen die eine halb vertrocknet ist. - Jetzt sind wir vor der Schmiede, wo das Feuer brennt und die halbnackten Männer mit den Hämmern schlagen, daß die Funken weit umhersprühen. Doch nun vorwärts, vorwärts nach dem prächtigen Rittergute!“ Und alles, was das kleine Mädchen, das hinten auf dem Stocke saß, sagte, das flog auch an ihnen vorüber; der Knabe sah es, und doch kamen sie nur um den Rasenplatz herum. Dann spielten sie in dem Seitengange und steckten auf dem Boden einen kleinen Garten ab. Das Mädchen nahm die Fliederblüte aus seinem Haar, pflanzte sie und sie wuchs ganz ebenso wie bei jenen Alten in die Höhe, als dieselben noch als Kinder, wie früher erzählt ist, in den neuen Anlagen miteinander spielten. Wie jene wandelten sie Hand in Hand, doch erstiegen sie nicht den roten Turm, ergingen sich nicht im Friedrichsberger Parke, nein, das kleine Mädchen faßte den Knaben um den Leib und dann flogen sie weit in ganz Dänemark umher, und es war Frühling und wurde Sommer, es war Herbst und wurde Winter, und tausend Bilder spiegelten sich in den Augen und in dem Herzen des Knaben ab, und immer sang das kleine Mädchen ihm vor: „Das darfst du nie vergessen!" während des ganzen Fluges duftete der Fliederbaum gar süß und herrlich. Der Knabe nahm wohl die Rosen und die Blumen wahr, aber der Fliederbaum duftete noch balsamischer, denn seine Blüten hingen an des kleinen Mädchens Herzen , und an dieses lehnte das kranke Knäblein während des Fluges oft das Haupt.

„Hier ist es herrlich im Frühling!" sagte das kleine Mädchen, und sie standen in einem soeben ausgeschlagenen Buchenwalde, wo grüner Waldmeister zu ihren Füßen duftete und blaßrote Anemonen sich in dem Grünen prächtig ausnahmen. „Oh, wäre es immer Frühling im duftenden dänischen Buchenwalde!"

„Hier ist es herrlich im Sommer!" sagte sie und sie fuhren an alten Burgen aus der Ritterzeit vorüber, wo sich die roten Mauern und zackigen Giebel in den Gräben spiegelten, in denen Schwäne schwammen und in die alten kühlen Baumgänge hinaufschauten. Auf dem Felde wogte das Korn gleich der bewegten See, rote und gelbe Blumen wiegten sich in den Gräben, an den Gehegen rankten sich wilder Hopfen und blühende Winden empor, und des Abends ging der Mond groß und voll auf, und die Heuschober auf den Wiesen dufteten süß. „Das vergißt sich nie!“

"Hier ist es herrlich im Herbste!« sagte das kleine Mädchen, und die Luft wurde doppelt so hoch und blau, der Wald nahm die schönsten Farben von Rot, Gelb und Grün an, die Jagdhunde stürmten vorwärts, ganze Scharen wilder Vögel flogen kreischend über die Hünengräber hin, auf denen sich Brombeerranken über die alten Steine hinzogen. Auf dem tiefblauen Meere zeigten sich überall weiße Segler, und in der Tenne saßen alte Frauen, Mädchen und Kinder und pflückten Hopfen in ein großes Gefäß. Die Jungen sangen Lieder, aber die Alten erzählten Märchen von Kobolden und Zauberern. „Besseres ließ sich nicht denken.!“

„Hier ist es herrlich im Winter!“.sagte das kleine Mädchen, und alle Bäume standen mit Reif bedeckt da, als wären sie in weiße Korallen verwandelt. Der Schnee knirschte unter den Füßen, als ob man immer neue Stiefel anhätte, und vom Himmel fiel eine Sternschnuppe nach der anderen. Im Zimmer wurde der Weihnachtsbaum angezündet, da gab es Geschenke und fröhliche Laune. In der Bauernstube auf dem Lande ertönte lustiger Fidelklang, unter Jauchzen und Lachen haschte man nach Apfelschnitten, und selbst das ärmste Kind bekannte: "Es ist doch herrlich im Winter!"

Ja, es war herrlich, und das kleine Mädchen zeigte dem Knaben alles, und immer duftete der Fliederbaum, und immer wehte die rote Flagge mit dem weißen Kreuze, die Flagge, unter welcher der alte Seemann aus den neuen Anlagen gesegelt war. Und aus dem Knaben wurde ein Jüngling und er sollte hinaus in die weite Welt, weit fort nach den warmen Ländern, wo der Kaffee wächst. Aber beim Abschied nahm das kleine Mädchen eine Fliederblüte von der Brust und gab sie ihm zum Aufbewahren. Er legte sie in sein Gesangbuch, und so oft er es im fremden , Lande öffnete, fiel sein Blick zuerst auf die Stelle, wo die Blüte der Erinnerung lag. Je länger er sie anblickte, desto frischer wurde sie; er fühlte gleichsam einen Duft aus den heimischen Wäldern und deutlich sah er zwischen den Blütenblättern das kleine Mädchen mit seinen klaren Augen hervorschauen und hörte, wie sie ihm zuflüsterte: „Hier ist es herrlich im Frühling, Sommer, Herbst und Winter!“ Und Hunderte von Bildern glitten dann durch seine Gedanken.

So verstrichen viele Jahre, und er war nun ein alter Mann und saß mit seiner alten Frau unter einem blühenden Baume. Sie hielten einander an den Händen, genau so wie es der Urgroßvater und die Urgroßmutter draußen in den neuen Anlagen getan hatten, und sie sprachen gleichfalls von den alten Tagen und von der goldenen Hochzeit. Das kleine Mädchen mit den blauen Augen und den Fliederblüten im Haare saß oben im Baume, nickte ihnen beiden zu und sagte: „Heute ist der goldne Hochzeitstag!" Darauf nahm es zwei Blumen aus seinem Kranze, küßte dieselben und nun leuchteten sie zuerst wie Silber, dann wie Gold, und als es diese auf die Häupter der Alten legte, verwandelte sich jede Blüte in eine goldene Krone. Da saßen sie beide wie ein König und eine Königin unter dem duftenden Baume, der völlig wie ein Fliederbaum aussah, und er erzählte seiner alten Gattin die Geschichte von dem Fliedermütterchen, so wie sie ihm als kleinem Knaben erzählt worden war, und beiden deuchte, daß darin gar vieles vorkäme, was ihrer eigenen ähnelte , und gerade dieses gefiel ihnen am besten.

„Ja, so ist es!" sagte das kleine Mädchen im Baume. „Einige nannten mich Fliedermütterchen, andere Baumelfe, aber eigentlich heiße ich Erinnerung. Ich bin es, die im Baume sitzt, der wächst und wächst. Ich kann weit zurückdenken, ich kann erzählen! Laß mich sehen, ob du deine Blüte noch hast?" Und der alte Mann öffnete sein Gesangbuch; da lag die Fliederblüte, so frisch, als wäre sie erst vor kurzem hineingelegt worden, und Fliedermütterchen, oder vielmehr die Erinnerung, nickte, und die beiden Alten mit den goldenen Kronen saßen in der glühenden

Abendsonne. Sie schlossen die Augen, und -und - ja da war das Märchen aus.

Der kleine Knabe lag in seinem Bettchen, er wußte nicht, ob er es geträumt oder hatte erzählen hören. Die Teekanne stand auf dem Tische, aber kein Fliederbaum wuchs daraus hervor, und der alte Mann, welcher erzählt hatte, stand eben im Begriff, aus der Tür zu gehen, und er tat es.

„Wie schön war das!" sagte der kleine Knabe. „Mutter, bin ich in den warmen Ländern gewesen?"

„Ja, das glaube ich wohl!" sagte die Mutter, „wenn man zwei bis an den Rand gefüllte Tassen Fliedertee trinkt, dann kommt man schon nach den fremden Ländern!" Und sie deckte ihn gut zu, damit er sich nicht von neuern erkältete. „Du hast wohl geschlafen, während ich saß und mit unserem alten Freunde darüber stritt, ob es eine Geschichte oder ein Märchen wäre. "

„Und wo ist Fliedermütterchen?" fragte der Knabe.

„Das steckt in der Teekanne!" sagte die Mutter, »und da kann es bleiben!"

Däumelieschen und der Elfenprinz

Es war einmal eine Frau, die gar zu gern ein kleines Kind haben wollte, aber sie wußte gar nicht, wo sie es herbekommen sollte. Da ging sie zu einer alten Hexe und sagte zu ihr: „Ich möchte doch gar zu gern ein kleines Kind haben; kannst du mir nicht sagen, wo ich eins herbekommen soll?"

„O ja, das soll nicht schwerhalten!" sagte die Hexe. „Da hast du ein Gerstenkorn; das ist nicht etwa von der Art, wie es auf einem Bauernfelde wächst, oder womit die Hühner gefüttert werden. Lege es in einen Blumentopf, dann wirst du etwas zu sehen bekommen!"

"Besten Dank!" sagte die Frau und gab der Hexe ein Silberstück, ging dann heim, pflanzte das Gerstenkorn, und sogleich wuchs eine große herrliche Blume hervor, die vollkommen einer Tulpe glich, aber die Blätter schlossen sich fest zusammen, als ob sie noch in der Knospe wären.

„Das ist eine schöne Blume!" sagte die Frau und küßte sie auf die herrlichen roten und gelben Blätter, aber wie sie sie noch küßte, tat die Blume einen großen Knall und öffnete sich. Es war, wie man nun sehen konnte, eine wirkliche Tulpe; aber mitten in der Blüte, auf dem grünen Blumengriffel, saß ein winzig kleines Mädchen, fein und lieblich. Sie war nicht größer als ein Daumen, und deswegen wurde sie Däumelieschen genannt.

Eine prächtige, lackierte Walnußschale erhielt sie zur Wiege, blaue Veilchenblätter waren ihre Matratze und ein Rosenblatt ihr Deckbett. Darin schlief sie des Nachts, aber am Tage spielte sie auf dem Tische. Die Frau hatte einen Teller darauf gestellt, um den sie einen ganzen Kranz Blumen gelegt hatte, deren Stengel in das Wasser reichten. Hier schwamm ein großes Tulpenblatt und auf diesem durfte Däumeliesschen sitzen und von der einen Seite des Tellers bis zur anderen schwimmen. Zum Rudern hatte sie zwei weiße Pferdehaare. Das sah unbeschreiblich niedlich aus. Sie konnte auch singen, o so fein und lieblich, wie man nie zuvor gehört hatte.

Eines Nachts, als sie in ihrem hübschen Bettchen lag, kam durch das Fenster, in dem eine Scheibe zerbrochen war, eine häßliche Kröte hereingehüpft. Die Kröte war entsetzlich garstig, groß und naß; sie hüpfte gerade auf den Tisch hernieder, wo Däumeliesschen lag und unter dem roten Rosenblatte schlief.

"Das wäre eine schöne Frau für meinen Sohn!“ sagte die Kröte, und dann ergriff sie die Walnußschale, in der Däumeliesschen schlief, und hüpfte mit ihr durch die Scheibe in den Garten hinunter .

Da floß ein großer, breiter Bach; aber dicht am Ufer war es sumpfig und morastig; hier wohnte die Kröte mit ihrem Sohne. Hu, der war ebenso garstig und häßlich, das ganze Ebenbild seiner Mutter. „Koax, koax, breckekekex!“ war alles, was er sagen konnte, als er das hübsche kleine Mädchen sah.

„Schwatz nicht so laut, sonst wacht sie auf!“ sagte die alte Kröte, „sie könnte uns sonst noch entlaufen, denn sie ist so leicht wie ein Eiderflaum! Wir wollen sie in den Bach hinaus auf eins der breiten Wasserlilienblätter setzen, das ist für sie, die so leicht und klein ist, wie eine Insel. Da kann sie nicht entlaufen, während wir den Festsaal unten tief unter dem Sumpfe, wo ihr wohnen und leben sollt, instand setzen.“

Nach der Mitte des Baches zu wuchsen gar viele Wasserlilien mit ihren breiten, grünen Blättern. Sie gewährten einen Anblick, als ob sie auf dem Wasser schwämmen. Das Blatt, das am weitesten hinausragte, war auch das allergrößte. Zu ihm schwamm die alte Kröte hinaus und setzte die Walnußschale mit Däumelieschen darauf.

Das arme kleine Mädchen erwachte beim ersten Morgengrauen, und da es wahrnahm, wo es war, fing es gar bitterlich an zu weinen, denn Wasser umgab von allen Seiten das große grüne Blatt; es war ihr unmöglich, an das Land zu kommen.

Die alte Kröte saß unten im Sumpfe und schmückte ihr Zimmer mit Schilf und gelben Wasserlilien, denn für die neue Schwiegertochter sollte alles auf das feinste hergerichtet werden. Darauf schwamm sie mit dem garstigen Sohne zu dem Blatte hinaus, wo Däumelieschen stand. Sie wollten ihr niedliches Bett holen, welches in das Brautgemach gesetzt werden sollte, ehe sie selbst dessen Schwelle übertrat.

Die alte Kröte verneigte sich vor ihr bis tief ins Wasser hinein und sagte: „Hier stell ich dir meinen Sohn vor, der dein Mann sein soll. Ihr werdet unten im Sumpfe ganz prächtig wohnen."

„Koax, koax, breckekekex!" war alles, was der Sohn sagen konnte.

Nun nahmen sie das stattliche kleine Bett und schwammen damit fort; Däumelieschen aber saß ganz allein und weinte heiße Tränen auf das grüne Blatt hinab, denn sie wollte weder bei der häßlichen Kröte wohnen, noch ihren häßlichen Sohn zum Manne haben. Die kleinen Fische, die unten im Wasser schwammen, hatten die Kröte recht wohl gesehen und gehört, was sie sagte. Sie streckten deshalb alle die Köpfe in die Höhe, sie wollten doch auch das kleine Mädchen sehen. Kaum hatten sie es gesehen, so fanden sie dieselbe so allerliebst, daß es ihnen leid tat, daß sie zur häßlichen Kröte hinunter sollte. Nein, das durfte nie geschehen! Sie versammelten sich unten im Wasser, rings um den grünen Stengel, der das Blatt hielt, worauf es stand, nagten mit den Zähnen den Stiel ab, und nun schwamm das Blatt mit Däumelieschen hinab, weit, weit fort, wohin die Kröte nicht gelangen konnte.

Däumelieschen segelte an gar vielen Städten vorüber, und die kleinen Vögel saßen in den Büschen, sahen sie und sangen: „Welch niedliches kleines Mädchen!" Weiter und immer weiter schwamm das Blatt mit ihr; so reiste denn Däumelieschen ins Ausland.

Ein allerliebster kleiner weißer Schmetterling wurde nicht müde, sie zu umflattern, und schwebte endlich auf das Blatt hernieder, denn er konnte Däumelieschen gar wohl leiden. Diese war hoch erfreut, denn die Kröte konnte sie jetzt nicht mehr erreichen, und es war so köstlich, wo sie segelte. Die Sonne schien auf das Wasser, und dieses glänzte wie schimmerndes Gold. Da nahm sie ihren Gürtel, schlang das eine Ende desselben um den Schmetterling und befestigte das andere am Blatte. Das glitt jetzt weit schneller das Wasser hinunter und sie mit, denn sie stand ja auf dem Blatte.

Plötzlich kam ein großer Maikäfer angeflogen, der sie gewahrte und augenblicklich seine Klauen um ihren schlanken Leib schlug und mit ihr auf einen Baum flog. Aber das grüne Blatt schwamm den Bach hinab, und der Schmetterling flog mit, denn er war an das Blatt gebunden und konnte sich auch nicht befreien.

Gott, wie sehr erschrak das arme Däumelieschen, als der Maikäfer mit ihr auf den Baum hinaufflog! Am meisten betrübte sie jedoch der Gedanke an den schönen weißen Schmetterling, den sie an das Blatt gebunden hatte. Konnte er nicht loskommen, mußte er ja rettungslos verhungern. Aber das rührte den Maikäfer durchaus nicht. Er setzte sich mit ihr auf das größte grüne

Blatt des Baumes, speiste sie mit dem Blütenhonig und sagte, sie wäre sehr schön, obgleich sie einem Maikäfer in keinem Stücke ähnelte. Später kamen alle die anderen Maikäfer, die den Baum bewohnten, zu Besuch; sie beguckten Däumelieschen von allen Seiten, und die Maikäferfräulein rümpften die Fühlhörner und sagten: "Sie hat ja nur zwei Füße; das sieht doch zu jämmerlich aus!" –„Sie hat keine Fühlhörner!" spotteten andere. –„Wie schlank sie um die Hüften ist! Pfui, sie sieht einem Menschen sprechend ähnlich! Wie häßlich sie ist!" sagten alle Maikäferfrauen, und trotzdem war Däumelieschen so schön. So kam sie auch dem Maikäfer vor, der sie entführt hatte, da aber alle anderen darin übereinstimmten, sie wäre häßlich, so glaubte er es zuletzt ebenfalls und wollte sie nun gar nicht haben; sie konnte gehen, wohin sie wollte. Sie flogen mit ihr vom Baume hinunter und setzten sie auf ein Gänseblümchen. Da weinte sie, weil sie so häßlich wäre, daß sie nicht ein- mal die Maikäfer unter sich dulden wollten, und doch war sie über alle Vorstellung schön, fein und klar, wie das herrlichste Rosenblatt.

Während des ganzen Sommers lebte Däumelieschen ganz allein in dem großen Walde. Sie flocht sich ein Bett aus Grashalmen und hing es unter einem großen Klettenblatte auf, so daß sie gegen den Regen geschützt war. Blütenhonig war ihre Speise, und ihren Durst stillte sie an dem Tau, der morgens auf den Blättern stand. So verstrich Sommer und Herbst, aber nun kam der Winter, der kalte, lange Winter. Alle Vögel, die ihr so schön vorgesungen hatten, flogen ihrer Wege, die Bäume und Blumen welkten dahin; das große Klettenblatt, unter dem sie gewohnt hatte, schrumpfte zusammen, und es blieb nur ein gelber vertrockneter Stengel. Sie fror bitterlich, ihre Kleider waren zerrissen, und sie selbst war gar fein und klein; das arme Däumelieschen mußte erfrieren. Es begann zu schneien und jede Schneeflocke, die auf sie fiel, tat dieselbe Wirkung, als wenn man auf uns eine ganze Schaufel voll wirft, denn wir sind groß, sie aber war nur einen Daumen lang.

Da hüllte sie sich in ein verwelktes Blatt, aber das erwärmte sie nicht; sie zitterte vor Kälte. Hart am Saume des Waldes, wohin sie jetzt gelangt war, lag ein großes Kornfeld, allein das Korn war längst eingeerntet, nur die nackten, trockenen Stoppeln ragten aus der gefrornen Erde hervor. Ihr kamen sie wie ein großer Wald vor, den sie zu durchwandert hatte, und sie klapperte nur so vor Kälte. Da kam sie vor die Tür der Feldmaus. Ihr ganzes Reich bestand in einer kleinen Höhle unter den Kornstoppeln. Dort wohnte die Feldmaus geschützt und behaglich, hatte die ganze Stube voll Korn und eine prächtige Küche und Speisekammer. Das arme Däumelieschen stellte sich an die Tür, gerade wie jedes andere arme Bettelmädchen, und bat um ein kleines Stückchen Gerstenkorn, denn sie hatte seit zwei Tagen nicht das geringste zu essen bekommen.

„Du arme Kleine!“ sagte die Feldmaus, denn es war im Grunde genommen eine gute, alte Feldmaus, „komm in meine warme Stube herein und iß mit mir!“

Da sie nun Gefallen an Däumelieschen fand, sagte sie: "Du kannst getrost den Winter über bei mir bleiben, aber du mußt mir die Stube hübsch sauber halten und mir Geschichten erzählen, denn das ist meine Lust!“ Däumelieschen tat, was die gute, alte Feldmaus verlangte, und hatte es ganz vortrefflich bei ihr .

„Nun bekommen wir gewiß bald Besuch!“ sagte die Feldmaus. „Mein Nachbar pflegt mich täglich zu besuchen. Der hat noch mehr vor sich gebracht als ich, hat große Säle und geht in einem herrlichen, schwarzen Samtpelze einher. Könntest du den zum Manne bekommen, dann wärest du gut versorgt. Er kann aber nicht sehen. Du mußt ihm die allerschönsten Geschichten erzählen, die du weißt!“

Aber darum kümmerte sich Däumelieschen nicht, sie mochte den Nachbar gar nicht haben, denn er war ein Maulwurf. Er kam und machte in seinem schwarzen Samtpelze seine Aufwartung. Er wäre sehr reich und sehr gelehrt, sagte die Feldmaus. Seine Wohnung war auch in der Tat zwanzigmal größer als die der Feldmaus, und Gelehrsamkeit besaß er, aber die Sonne und die herrlichen Blumen konnte er gar nicht leiden; über sie wußte er nur Schlimmes zu erzählen, weil er sie nie gesehen hatte. Däumelieschen mußte singen und sie sang sowohl: „Maikäfer flieg!“ als auch: „Der Pfarrer geht ins Heu!“ Wegen ihrer schönen Stimme verliebte sich der Maulwurf in sie, sagte aber noch nichts; oh, er war ein sehr besonnener Mann! Er hatte sich vor kurzem einen langen Gang von seinem bis zu ihrem Hause durch die Erde gegraben; in ihm durfte die Feldmaus und Däumelieschen mit seiner Erlaubnis nach Herzenslust spazieren. Er bat sie aber, sich nicht vor dem toten Vogel zu erschrecken, der im Gange läge. Es war ein ganzer Vogel mit Federn und Schnabel, der erst ganz kürzlich beim Beginn des Winters gestorben sein konnte und nun gerade da begraben war, wo er seinen Gang angelegt hatte.

Der Maulwurf nahm ein faules Stück Holz in das Maul, weil es im Dunkeln wie Feuer schimmert, ging dann voran und leuchtete ihnen in dem langen, finsteren Gange. Als sie zu der Stelle gelangten, wo der tote Vogel lag , drückte der Maulwurf mit seiner breiten Nase gegen das Gewölbe und stieß die Erde auf, so daß ein großes Loch entstand, durch welches das Licht hereinschimmerte. Mitten auf dem Boden lag eine tote Schwalbe, die schönen Flügel fest an die Seite gedrückt, die Beine und den Kopf unter die Federn gezogen. Der arme Vogel war sicher vor Kälte gestorben. Däumelieschen hatte inniges Mitleid mit ihr, sie liebte alle die kleinen Vögel, hatten sie ihr doch den ganzen Sommer hindurch so schön etwas vorgesungen und vorgezwitschert, aber der Maulwurf stieß ihn mit seinen kurzen Beinen und sagte: ´"Nun pfeift er nicht mehr! Es muß doch jämmerlich sein, als kleiner Vogel geboren zu werden! Gott sei Lob, daß es keines meiner Kinder wird. Außer seinem >Quivit< hat ja ein solcher Vogel durchaus nichts und muß im Winter elendiglich verhungern!"

„Ja, das könnt Ihr als ein vernünftiger Mann wohl sagen!" entgegnete die Feldmaus. „Was hat ein Vogel für all sein Quivit, wenn der Winter kommt? Er muß hungern und frieren, doch das wird wohl etwas vorstellen sollen. "

Däumelieschen sagte nichts, als aber die beiden anderen dem Vogel den Rücken wandten, neigte sie sich hinab, schob die Federn, die über seinem Kopfe lagen zur Seite und küßte ihn auf die geschlossenen Augen. Vielleicht war er es, der mir im Sommer so schön etwas vorsang, dachte sie, wie viel Freude hat er mir verschafft, der liebe, schöne Vogel.

Der Maulwurf stopfte nun das Loch, durch welches das Tageslicht hineinschien, wieder zu und begleitete die Damen nach Hause. Aber in der Nacht konnte Däumelieschen schlechterdings nicht schlafen. Da erhob sie sich von ihrem Bette und flocht aus Heu einen großen, schönen Teppich, trug ihn hinunter, breitete ihn über den toten Vogel aus und legte weiche Baumwolle, die sie im Zimmer der Feldmaus gefunden hatte, dem Vogel zur Seite, damit er warm liegen möchte in der kalten Erde.

„Lebe wohl, du schöner lieber Vogel!“ sagte sie, „lebe wohl

und Dank für deinen herrlichen Gesang im Sommer, als alle Bäume grün waren und die Sonne auf uns so warm hernieder schien!“ Dann legte sie ihr Köpfchen an des Vogels Brust, fuhr aber sogleich erschrocken zusammen, denn es war fast, als ob etwas in derselben klopfte. Das war des Vogels Herz. Der Vogel war nicht tot, er lag nur in Betäubung, war jetzt erwärmt worden und bekam wieder Leben.

Im Herbste fliegen alle Schwalben nach den warmen Ländern, verspätet sich aber eine, so friert sie so, daß sie wie tot zur Erde fällt und liegenbleibt, wohin sie fällt, und der kalte Schnee seine Decke über sie breitet.

Däumelieschen schauderte ordentlich, so war sie erschreckt worden, denn der Vogel war ihr gegenüber, die kaum Daumeslänge hatte, ja so erschrecklich groß, aber sie faßte doch wieder Mut, legte die Baumwolle dichter um die Schwalbe und holte ein Krauseminzblatt, dessen sie sich selbst als Deckbettes bedient hatte, und legte es über den Kopf des Vogels.

In der nächsten Nacht schlich sie sich wieder zu ihm hinunter und nun war er lebendig, aber so matt, daß er nur einen kurzen Augenblick seine Augen zu öffnen und Däumelieschen anzusehen vermochte, die, weil sie kein anderes Lämpchen haben konnte, mit einem Stückchen faulen Holzes in der Hand neben ihm stand.

„Herzlichen Dank, du niedliches kleines Kind!“ sagte die

kranke Schwalbe zu ihr, „ich bin vortrefflich erwärmt! Bald erhalte ich meine Kräfte wieder und kann dann draußen im warmen Sonnenschein umherfliegen."

„Ach!" sagte sie, „es ist draußen gar kalt, es schneit und friert! Bleib du in deinem warmen Bettchen, ich werde dich schon pflegen!"

Darauf brachte sie der Schwalbe Wasser in einem Blumenblatte, und diese trank und erzählte ihr, wie sie sich an einem Dornbusche ihren einen Flügel verletzt hätte, was sie verhinderte, so schnell wie die anderen Schwalben zu fliegen, als dieselben weit, weit fort nach den warmen Ländern flogen. Endlich war sie auf die Erde gefallen, aber an Weiteres konnte sie sich nicht mehr erinnern, und sie war völlig unwissend darüber, wie sie hierher gekommen war.

Den ganzen Winter blieb sie nun da unten, und Däumelieschen nahm sich ihrer auf das beste an und hatte sie lieb. Weder der Maulwurf noch die Feldmaus erfuhr das geringste davon, weil sie die arme Schwalbe nicht mochten.

Sobald der Frühling kam und die Sonne die Erde erwärmte, sagte die Schwalbe Däumelieschen Lebewohl, die nun das Loch öffnete, welches der Maulwurf in der Decke gemacht hatte. Die Sonne schien herrlich auf sie hernieder, und die Schwalbe fragte, ob sie sie begleiten wollte, sie könnte auf ihrem Rücken sitzen, und dann wollten sie weit hinaus in den grünen Wald fliegen.

Aber Däumelieschen wußte, daß es die alte Feldmaus betrüben würde, wenn sie sie auf solche Art verließ.

„Nein, ich kann nicht!" sagte Däumelieschen. „Lebe wohl, lebe wohl! du gutes, schönes Mädchen!" sagte die Schwalbe und flog hinaus in den Sonnenschein. Däumelieschen sah ihr nach, und die Tränen traten ihr in die Augen, denn sie hatte die Schwalbe gar lieb.

„Quivit, quivit!" sang der Vogel und flog hinein in den grünen Wald .

Däumelieschen war sehr betrübt. Sie erhielt nie Erlaubnis, in den warmen Sonnenschein hinauszugehen. Das Korn, das auf dem Acker über dem Hause der Feldmaus ausgesät war, wuchs auch hoch in die Luft empor; für das arme kleine Mädchen, das kaum Daumeslänge hatte, war es ein völlig undurchdringlicher Wald.

"Während des Sommers sollst du nun an deiner Aussteuer nähen!" sagte die Feldmaus zu ihr, denn nun hatte der Nachbar, der langweilige Maulwurf in dem schwarzen Samtpelze, sich um sie beworben. "Du sollst sowohl Wollen- wie Leinenzeug haben. Ich will dir Tisch- und Bettzeug mitgeben, wenn du nun die Frau des Maulwurfs wirst!"

Däumelieschen mußte nun die Spindel drehen, und die Feldmaus nahm vier Spinnen in Lohn, die Tag und Nacht spinnen und weben mußten. Jeden Abend kam der Maulwurf auf

Besuch und sprach nur immer davon, daß, wenn der Sommer vergangen, die Sonne nicht mehr so warm scheinen würde - jetzt brannte sie ja die Erde fest wie einen Stein - ja, wenn der Sommer endlich vorbei wäre, dann wollte er mit Däumelieschen Hochzeit feiern. Sie war aber gar nicht vergnügt, denn sie hatte den langweiligen Maulwurf keineswegs lieb. Jeden Morgen, wenn die Sonne aufging, und jeden Abend, wenn sie unterging, schlich sie sich zur Tür hinaus, und sobald der Wind die Kornähren auseinander wehte , daß sie den blauen Himmel sehen konnte, dachte sie daran, wie hell und schön es hier draußen wäre, und wünschte so sehr, die liebe Schwalbe wiederzusehen; aber die kam nie wieder, die war gewiß weit fort in den schönen grünen Wald geflogen.

Als es nun Herbst wurde, hatte Däumelieschen ihre ganze Aussteuer fertig.

"In vier Wochen sollst du Hochzeit halten!“ sagte die Feldmaus zu ihr. Aber Däumelieschen weinte und sagte, sie wollte den langweiligen Maulwurf nicht haben.

"Schnickschnack!“ sagte die Feldmaus, "sei nur nicht widerspenstig, sonst muß ich dich mit meinen weißen Zähnen beißen. Es ist ja ein ganz vortrefflicher Mann, den du erhältst. Solchen schwarzen Samtpelz hat selbst die Königin nicht. Seine Küche und sein Keller sind wohl bestellt. Sage du Gott Dank für ihn!“

Nun sollte Hochzeit sein. Der Maulwurf war schon gekommen, Däumelieschen zu holen. Sie sollte bei ihm tief unten unter der Erde wohnen, sollte nie in die warme Sonne hinauskommen, weil er sie nicht ausstehen konnte. Das arme Kind war sehr betrübt, sie sollte nun der schönen Sonne Lebewohl sagen, die sie bei der Feldmaus doch wenigstens von der Tür aus hatte sehen dürfen.

„Lebe wohl, du klarer Sonnenstrahl!“ sagte sie und streckte die Ärmchen hoch empor und ging auch eine kurze Strecke vom Hause der Feldmaus fort, denn nun war das Korn geerntet, und nur die dürren Stoppeln standen noch da... „Lebe wohl, lebe wohl!“ sagte sie und schlang ihre Ärmchen um eine kleine rote Blume, die daneben stand. „Grüße die liebe Schwalbe von mir, wenn du sie zu sehen bekommst!“

„Quivit, quivit!“ ertönte es in demselben Augenblicke über ihrem Kopfe. Sie blickte auf, es war die Schwalbe, die gerade vorüberflog. Sobald sie Däumelieschen gewahrte, wurde sie sehr froh. Sie erzählte derselben, wie ungern sie den garstigen Maulwurf zum Manne nähme und daß sie nun tief unter der Erde wohnen sollte, wo das Sonnenlicht nie hineinschiene. Sie konnte ihrer Tränen dabei sich nicht erwehren.

"Nun kommt der kalte Winter“, sagte die Schwalbe, "ich fliege mit nach den warmen Ländern fort. Willst du mich begleiten? Du kannst auf meinem Rücken sitzen! Binde dich nur mit deinem Gürtel fest, dann fliegen wir fort von dem garstigen Maulwurf und seiner finstern Stube, weit fort über die Berge nach den warmen Ländern, wo die Sonne schöner scheint als hier, wo es immer Sommer ist, wo immer schöne Blumen blühen. Fliege nur mit mir, du süßes, kleines Däumelieschen, die du mir das Leben gerettet hast, als ich erfroren in dem finstern Schoße der Erde lag!"

"Ja, ich ziehe mit dir", sagte Däumelieschen und setzte sich auf des Vogels Rücken, mit den Füßen auf seine ausgebreiteten Flügel, band ihren Gürtel an einer der stärksten Federn fest, und nun erhob sich die Schwalbe hoch in die Lüfte, über Wälder und Seen, hoch hinauf über die großen Gebirge, wo immer Schnee liegt. Däumelieschen fror in der kalten Luft, verbarg sich aber unter den warmen Federn des Vogels und hielt nur das Köpfchen hervor, um die herrliche Gegend unter sich zu betrachten.

Endlich kamen sie nach den warmen Ländern. Dort schien die Sonne weit heller als hier, der Himmel war doppelt so hoch, und an Gräben und Hecken wuchsen die herrlichsten grünen und blauen Weintrauben. In den Wäldern hingen Zitronen und Apfelsinen, Myrten und Krauseminze erfüllten alles mit ihrem Duft, und auf den Landstraßen sprangen die hübschesten Kinder und spielten mit großen, bunten Schmetterlingen. Aber die Schwalbe flog immer noch weiter, und es wurde schöner und schöner. Unter den prachtvollsten grünen Bäumen an dem blauen

See stand seit alten Zeiten ein weißes Marmorschloß. Weinreben rankten sich um hohe Säulen; an der äußersten Spitze waren viele Schwalbennester und in einem derselben wohnte die Schwalbe, welche Däumelieschen trug. "Hier ist mein Haus!" sagte die Schwalbe. "Suche du dir aber selbst eine der prächtigsten Blumen aus, die da unten wachsen, und ich will dich dann hinaufsetzen, und dein Los wird so glücklich sein, als du nur irgend wünschen kannst!"

„O wie herrlich!" sagte sie und klatschte in die kleinen Händchen. Da lag eine große, weiße Marmorsäule, die zur Erde hingesunken und in drei Stücke zerborsten war, zwischen ihnen aber wuchsen die schönsten großen, weißen Blumen. Die Schwalbe flog mit Däumelieschen hinunter und setzte sie auf eines der breiten Blätter.

Aber wer malt ihr Erstaunen: mitten in der Blume saß ein kleiner Mann, so weiß und durchsichtig, wie wenn er von Glas wäre. Die niedlichste goldene Krone hatte er auf dem Kopfe und die prächtigsten hellen Flügel an den Schultern. Er selbst war nicht größer als Däumelieschen. Es war der Elfenprinz der Blumen. In jeder Blume wohnte so ein kleiner Mann oder eine kleine Frau, dieser aber war der König über alle.

"Gott, wie schön er ist!" raunte Däumelieschen der Schwalbe zu.

Der kleine Elfenprinz erschrak gewaltig vor der Schwalbe,

denn gegen ihn, der so klein und fein war, schien sie ein wahrer Riesenvogel zu sein. Als er aber Däumelieschen gewahrte, ward er gar froh, war sie doch das allerschönste Mädchen, das er bis jetzt gesehen hatte. Deshalb nahm er die Goldkrone von seinem Haupte und setzte sie ihr auf, fragte, wie sie hieße und ob sie seine Gemahlin sein wollte, dann sollte sie Königin über alle Blumen werden.

Potztausend! Das war doch ein anderer Mann als der Sohn der Kröte und der Maulwurf mit dem schwarzen Samtpelz. Sie gab deshalb dem schönen Prinzen das Jawort, und von jeder Blume kam eine Dame oder ein Herr, so allerliebst, daß es eine Lust war. Jedes brachte Däumelieschen ein Geschenk, aber das beste von allen waren ein Paar schöne Flügel von einer großen weißen Fliege. Sie wurden Däumelieschen am Rücken befestigt, und nun konnte auch sie von Blume zu Blume fliegen. Überall herrschte darüber Freude, und die Schwalbe saß oben in ihrem Neste und sang ihnen etwas vor, so gut sie vermochte, aber im Herzen war sie gleichwohl betrübt, denn sie hatte Däumelieschen gar lieb und würde sich nie von ihr getrennt haben.

"Du sollst fortan nicht mehr Däumelieschen heißen!" sagte der Elfenprinz der Blumen zu ihr, „das ist ein häßlicher Name und du bist so schön. Wir wollen dich Maja nennen!"

„Lebe wohl, lebe wohl!" sagte die Schwalbe und zog wieder fort aus den warmen Ländern, weit fort nach unserem kalten

Himmelsstriche. Dort hatte sie ein kleines Nest oben an dem Fenster, wo der Mann wohnt, der Märchen erzählen kann. Dem sang sie ihr „Quivit, quivit“ vor. Davon haben wir die ganze Geschichte.

Bitte lesen Sie weiter ...

Andersens Engelmärchen

Herausgegeben von Marina Grünewald
64 Seiten, geb., ISBN 3-934254-77-2

„Ich hole das Märchenbuch aus der Tasche und lese laut vor, dass alle Kinder im Zimmer still sitzen, die Figürchen am Baum aber lebendig werden und der kleine Wachsengel auf der äußersten Spitze die Flittergoldflügel ausbreitet, herabfliegt von seinem grünen Sitz und klein und groß im Zimmer küsst, ja, auch die armen Kinder küsst, die draußen vor der Tür und auf der Straße stehen."

Hans Christian Andersen

Hans Christian Andersen, der wohl berühmteste europäische Märchendichter, erzählt uns seine schönsten Engelmärchen.

Elfentanz und Feenreigen

Märchen aus alter Zeit

Gesammelt und zusammengestellt von Marina Grünewald
88 Seiten, geb., ISBN 3-934254-61-6

„Ein Sommernachtstraum" oder „Die Elfen" – aus der Zauberwelt der Feen und Elfen. Ein romantischer Reigen literarischer Kostbarkeiten aus der Feder so bekannter Autoren wie Ludwig Tieck, John Keats, Ludwig Bechstein und anderen.

Alte Elfenmärchen

Gepflückt und zu einem Strauß gebunden
von Marina Grünewald

88 Seiten, geb., ISBN 3-926374-93-4

„Ein wunderschöner Strauß alter Elfenmärchen mit literarischen Blüten so bekannter Autoren wie Heinrich Heine, Theodor Storm, Hans Christian Andersen – Geschichten, die uns zurückversetzen in das verzauberte Land unserer Kindheitsphantasien.

Alte Feenmärchen

Gepflückt und zu einem Strauß gebunden
von Marina Grünewald

64 Seiten, geb., ISBN 3-934254-10-1

Ein literarischer Reigen alter Feenmärchen, in Szene gesetzt u.a. von Ernst Ritter von Dombrowski, Charles Perrault, Friedrich Schwed, George Sand. Geschichten aus der Anderswelt von dem Kleinen Volk, in denen, wie könnte es anders sein, immer noch das Gute und die Wahrheit siegen. Vielleicht ist das ja auch der Grund, warum Märchen wie diese heutzutage wieder Hochkonjunktur haben.

Loreley -Die Zauberfee vom Rhein

Gesammelt und zusammengestellt von
Marina Grünewald

64 Seiten, geb., ISBN3-934254-63-2

Schon seit vielen Jahrhunderten hat die Loreley – die Zauberfee vom Rhein – nicht nur die Schiffer auf dem Rhein in ihren Bann gezogen. Auch viele Dichter und Schriftsteller haben sie wieder und wieder in Liedern, Gedichten und Geschichten verewigt. In diesem immerwährenden Chor finden sich so berühmte Namen wie Heinrich Heine, Clemens Brentano, Ludwig Bechstein, Eduard Mörike, Karl Simrock u.v.a..

Alte Rosenmärchen

Gesammelt und zusammengestellt von
Gina Hellmann
144 Seiten, geb., ISBN 3-934254-43-8

Ein duftender Strauß der schönsten Rosenmärchen und -gedichte aus der Feder so bekannter Autoren wie Hans Christian Andersen, Novalis, Hermann Löns, Clemens Brentano, Friedrich Hölderlin, Wilhelm Busch, Heinrich Heine u.a.